わたしを生きる

現代語訳『正法眼蔵・現成公案』

村田和樹

目次

表紙画：林倭衛「舟人」（©林聖子）

はじめに

＊

この『正法眼蔵　現成公案』はこれまで、多くは思想書、哲学書として読まれてきました。けれどもお書きになったご本人は、もちろんそんなつもりは毛頭なく、「わたし」という人生を生きる上で、なんでこんなに虚しいのか、どうして独りきりなんだろう、と、誰しもが感じることにうずき、このさみしさはどうやったら開けるのだろうと鋭く悩んできた。だからこそ多くの困っている人、悩んでいる人にていねいに、そしてじかに伝えたくて書いたものなのです。

しかし、書いたご本人、道元さまは鎌倉時代の人です。それだけでわたしたちにとっては隔《へだ》たりがあり、読むにはハードルが高い。まして内容としては哲学的詩文で、一度読んでなるほど、と合点がゆくようなものではありません。その意味ではずいぶんしきいが高く、格調高い文章です。

そしていそいで付け加えると、この本を読んでだいたいこんな流れで書いてあるんだな、と思われたなら、ぜひとも素読《そどく》をおすすめします。声をしっかり出して読んでいると、あるときひょいと身体全体に染み込んでくることがあるのです。それを「身読《しんどく》」と言いますが、そうすると言葉の持つ格調の高さや鋭さ、親切さが痛いほど染みてくるはずです。

＊

本文に入る前にもうひとつ大切なことを、言いたい。それは原文を少し読むと解ると思いますが、この文章は「仏法《ぶっぽう》」それから「悟り」という言葉をキーワードに展開しています。この「仏法」や「悟り」という言葉を、わたしたちはなんとなく「知っている」と思っていますが、それはほとんどが「かんちがい」だということです。

「仏法」とはお釈迦さまが自身の苦しみのすえに、明らかにされた教え、ほんとうの生き方のことです。

そしてまた、このこともいそいで言い添えますが、どんなにそれが「ほんとう」のことであろうと、読む「わたし」がそうだと腑《ふ》に落ちなければ、「ほんとう」にはならないものです。ですから、この「ほんとう」という言葉にあまり引っかからないで欲しい。どんな言葉でも、「わたし」にとってはヒントに過ぎません。そう受け取って欲しいのです。

「法」という言葉はふつう、「ルール」とか「きまり」と取られています。それは「わたし」の外にあって、この「わたし」を規制するものと考えられがちですが、そうではありません。ここで「仏法」と言うとき、「わたし」そのものがすでに、「仏」の「法」でできているということを指しているのです。

そのことを道元さんは「修証一如《しゅしょういちにょ》」という言葉で言い表していますが、それは、「修行」と「証《さと》り」が同時にあるということです。ダメなものがなんとかがんばった末に仏になりました、というのではないのです。はじめからこの身は、すでに「仏」としてここにあった、と受け取っているのです。

＊

現代を生きるわれらは、しらず「個人主義」を生きています。また、この時代に生まれてきたということはすでに決定されたものであって、自ら選んでそうなったわけではありません。この島国に住む者にとっては、一見「平和」で「豊か」な暮らしが、すでに築かれていると思われがちですが、しかしながらよく見れば、この島国の中でも「格差」は激しく、ましてや他の国々の暮らしと比べれば、その「格差」は想像するよりずっと厳しいものです。

それはひとえに、「経済的道理」がこの社会にまんえんしていることに起因していると思われます。「経済的合理性」というものが、イコールわれらの生きる意味や価値になってしまっている。

ですから、自分らしく生きようとすると、戸惑《とまど》わざるをえないのです。別の言葉で言えば、この時代にマッチできる人はおそらく「個性」とやらを発揮して生きていけるに違いありません。が、どうも生きづらい、虚しいと思っている人は、この本を手に取って欲しいのです。真面目に悩むそのことによって、自分の生き方を探すことができるはずです。

この「経済的合理性」の中だけで教育されてきたわれらが「ちがう道」を見つけるということは、はなはだ勇気のいることです。なぜなら「経済的合理性」の中では「悩むこと」や「迷うこと」がそのまま「ダメなこと」になっており、その悩みや迷いは、「これからの生き方のチャンスととらえて」などと、どこまでも前向きで明るく言い換えられていて、そんなことについ幻惑されてしまうのです。

とうぜんのことながら、よく生きたい、無事に暮らしたい、とは誰もが思うことです。けれども、そこでしばし、立ち止まってみてもいいんだと思う。

どうしても「頭」でだけで困って悩んでしまい、慌ててなんとかしようとつい焦ってしまう。が、そこが大切なところです。そこからもうひとつ、「身」で困って欲しい。「身で迷う」ことを知って欲しいのです。

今の日本では「宗教」や「信仰」などというと、何か思い込みの強い姿、これがほんとうと固く握りしめている、そんなありようを思われている方が多いのではないでしょうか。

この正法眼蔵も「宗教」を述べています。それは、わたしという思い込みが通用しないありようを示しています。「信仰者」と言われる人も、ふつうの人と思っているわれらも比べ合いをすることが大好きです。その比べ合いのなかで、自分というものを狭い囲いのなかに閉じ込めて安堵しようとしています。けれど、幼な子がいつでもはつらつと明るいのは、この思い込みから自由だからでしょう。

ほんらい「わたし」というものは、自分自身では汲《く》み取れないほどの深さ、広がりのあるいのちを生きているものです。誰もがそうです。

そんなことを手がかりに、なるべく若い人たちに読んでもらいたいと思って、この本を著《あらわ》しました。

なお、巻末に付した註《ちゅう》では、関連図書からの抜粋に加え、所々にわたしなりの感想を記してあります。原文を理解する上での一助になれば幸いです。

村田和樹

正法眼蔵第一

現《げん》成《じやう》公《こう》案《あん》

諸法《しよほう》の仏法《ぶつぽう》なる時節、すなはち迷悟《めいご》あり、修行あり、生《しやう》あり、死あり、諸仏あり、衆生《しゆじやう》あり。

万法《まんぽふ》ともにわれにあらざる時節、まどひなくさとりなく、諸仏なく衆生なく、生《しやう》なく滅《めつ》なし。

仏道もとより豊倹《ほうけん》より跳出《てうしゆつ》せるゆゑに、生滅《しやうめつ》あり、迷悟あり、生仏《しやうぶつ》あり。

しかもかくのごとくなりといへども、花は愛惜《あいじやく》にちり、草は棄嫌《きけん》におふるのみなり。

自己をはこびて万法を修証《しゆしよう》するを迷《まよひ》とす、万法すゝみて自己を修証するはさとりなり。迷を大悟《だいご》するは諸仏なり、悟《ご》に大迷《だいめい》なるは衆生なり。さらに悟上に得悟《とくご》する漢《かん》あり、迷中又迷《いうめい》の漢あり。諸仏のまさしく諸仏なるときは、自己は諸仏なりと覚知《かくち》することをもちゐず。しかあれども証仏なり、仏を証しもてゆく。身心《しんじん》を挙《こ》して色《しき》を見取《けんしゆ》し、身心を挙して声《しやう》を聴取《ちようしゆ》するに、したしく会取《ういしゆ》すれども、かゞみに影をやどすがごとくにあらず、水と月とのごとくにあらず。一方を証するときは一方はくらし。

仏道をならふといふは、自己をならふ也。自己をならふといふは、自己をわするゝなり。自己をわするゝといふは、万法に証せらるゝなり。万法に証せらるゝといふは、自己の身心および他己《たこ》の身心をして脱落《とつらく》せしむるなり。悟迹《ごしやく》の休歇《きうけつ》なるあり、休歇なる悟迹を長々出《ちやうちやうしゆつ》ならしむ。

人、はじめて法をもとむるとき、はるかに法の辺際《へんざい》を離却《りきや》せり。法すでにおのれに正伝《しやうでん》するとき、すみやかに本分人《ほんぶんにん》なり。

人、舟にのりてゆくに、めをめぐらして岸をみれば、きしのうつるとあやまる。目をしたしく舟につくれば、ふねのすゝむをしるがごとく、身心を乱想して万法を辨肯《はんけん》するには、自心自性《じしんじしやう》は常住《じやうぢゆう》なるかとあやまる。もし行李《あんり》をしたしくして箇《こ》裏《り》に帰《き》すれば、万法のわれにあらぬ道理あきらけし。

たき木、はひとなる、さらにかへりてたき木となるべきにあらず。しかあるを、灰はのち、薪《たきぎ》はさきと見取すべからず。しるべし、薪は薪の法位《ほふゐ》に住して、さきありのちあり。前後ありといへども、前後際断《さいだん》せり。灰は灰の法位にありて、のちありさきあり。かのたき木、はひとなりぬるのち、さらに薪とならざるがごとく、人のしぬるのち、さらに生《しやう》とならず。しかあるを、生《しやう》の死になるといはざるは、仏法のさだまれるならひなり。このゆゑに不生《ふしやう》といふ。死の生《しやう》にならざる、法輪《ほふりん》のさだまれる仏転《ぶつてん》なり。このゆゑに不滅といふ。生も一時のくらゐなり、死も一時のくらゐなり。たとへば、冬と春とのごとし。冬の春となるとおもはず、春の夏となるといはぬなり。

人のさとりをうる、水に月のやどるがごとし。月ぬれず、水やぶれず。ひろくおほきなるひかりにてあれど、尺寸《しやくすん》の水にやどり、全月《ぜんげつ》も弥天《みてん》も、くさの露《つゆ》にもやどり、一滴の水にもやどる。さとりの人をやぶらざる事、月の水をうがたざるがごとし。人のさとりを罣礙《けいげ》せざること、滴露《てきろ》の天月を罣礙せざるがごとし。ふかきことはたかき分量なるべし。時節の長短は、大水小水《だいすいせうすい》を撿点《けんてん》し、天月の広狭《くわうけふ》を辨取《はんしゆ》すべし。

身心《しんじん》に法いまだ参飽《さんぱう》せざるには、法すでにたれりとおぼゆ。法もし身心に充足すれば、ひとかたはたらずとおぼゆるなり。たとへば、船にのりて山なき海中にいでゝ四方《よも》をみるに、たゞまろにのみみゆ、さらにことなる相《さう》みゆることなし。しかあれど、この大海、まろなるにあらず、方《けた》なるにあらず、のこれる海徳つくすべからざるなり。宮殿《ぐうでん》のごとし、瓔珞《えうらく》のごとし。たゞわがまなこのおよぶところ、しばらくまろにみゆるのみなり。かれがごとく、万法もまたしかあり。塵《ぢん》中格外《ちゆうかくぐわい》、おほく様子《やうす》を帯《たい》せりといへども、参学眼力のおよぶばかりを見取会取《ういしゆ》するなり。万法の家風をきかんには、方円《はうゑん》とみゆるよりほかに、のこりの海徳山徳おほくきはまりなく、よもの世界あることをしるべし。かたはらのみかくのごとくあるにあらず、直下《ちよくか》も一滴もしかあるとしるべし。

うを水をゆくに、ゆけども水のきはなく、鳥そらをとぶに、とぶといへどもそらのきはなし。しかあれども、うをとり、いまだむかしよりみづそらをはなれず。只用大《たゞようだい》のときは使大《しだい》なり。要小《えうせう》のときは使小《しせう》なり。かくのごとくして、頭々《てうてう》に辺《へん》際《ざい》をつくさずといふ事なく、処々に踏飜《たふほん》せずといふことなしといへども、鳥《とり》もしそらをいづればたちまちに死す、魚《うを》もし水をいづればたちまちに死す。以《い》水為《すいゐ》命《めい》しりぬべし、以《い》空為《くうゐ》命《めい》しりぬべし。以鳥為命あり、以魚為命あり。以命為鳥なるべし、以命為魚なるべし。このほかさらに進歩あるべし。修証《しゆしよう》あり、その寿者《じゆしや》命者《みやうしや》あること、かくのごとし。

しかあるを、水をきはめ、そらをきはめてのち、水そらをゆかんと擬する鳥魚あらんは、水にもそらにもみちをうべからず、ところをうべからず。このところをうれば、この行李《あんり》したがひて現成公案《げんじやうこうあん》す。このみちをうれば、この行李したがひて現成公案なり。このみち、このところ、大にあらず小にあらず、自にあらず他にあらず、さきよりあるにあらず、いま現ずるにあらざるがゆゑにかくのごとくあるなり。

しかあるがごとく、人もし仏道を修証《しゆしよう》するに、得一法《とくいつぽふ》、通一法《つういつぽふ》なり、遇一行《ぐういちぎやう》、修一行《しゆいちぎやう》なり。これにところあり、みち通達《つうだつ》せるによりて、しらるゝきはのしるからざるは、このしることの、仏法の究尽《きうじん》と同生《どうしやう》し、同参《どうさん》するゆゑにしかあるなり。得処《とくしよ》かならず自己の知見《ちけん》となりて、慮知《りよち》にしられんずるとならふことなかれ。証《しよう》究《きう》すみやかに現成《げんじやう》すといへども、密有《みつう》かならずしも現成《げんじやう》にあらず、見成これ何必《かひつ》なり。

麻浴山宝徹禅師《まよくざんほうてつ》、あふぎをつかふちなみに、僧きたりてとふ、「風性常住《ふうしやうじやうぢゆう》、無処不周《むしよふしう》なり、なにをもてかさらに和尚《をしやう》あふぎをつかふ」

師いはく、「なんぢたゞ風性常住をしれりとも、いまだところとしていたらずといふことなき道理をしらず」と。

僧いはく、「いかならんかこれ無処不周底《むしよふしうち》の道理」。ときに、師、あふぎをつかふのみなり。僧、礼拝《らいはい》す。

仏法の証験《しようけん》、正伝《しやうでん》の活路《くわつろ》、それかくのごとし。常住なればあふぎをつかふべからず、つかはぬをりもかぜをきくべきといふは、常住をもしらず、風性をもしらぬなり。風性は常住なるがゆゑに、仏家《ぶつけ》の風《ふう》は、大地の黄金《わうごん》なるを現成《げんじやう》せしめ、長河《ちやうが》の蘇酪《そらく》を参熟《さんじゆく》せり。

正法眼蔵見成公案第一

これは天福元年中秋のころ、かきて鎮西《ちんぜい》の俗弟子《ぞくでし》揚光秀にあたふ。

建長壬子拾勒

（本書は岩波文庫『正法眼蔵（一）』を底本としました）

わたしを生きる

——現代語訳『正法眼蔵《しやうぼうげんざう》・現成公案《げんじやうこうあん》』

諸法《しよほう》の仏法《ぶつぽう》なる時節、すなはち迷悟《めいご》あり、修行あり、生《しやう》あり、死あり、諸仏あり、衆生《しゆじやう》あり。

自分で「わたし」だと思っているこの「わたし」は、じつは、いのち、地球、大地、風など「わたし」を超えた大いなるもののはたらきがあるからこそ存在します。このはたらきを、ここでは〝仏法〟と呼びましょう。

すべての事象が仏法としてある時、わたしの迷いや悟りもそのまま仏法としてあります。

ですから、この「わたし」という存在はどこまでも修行の身であって、その時その時、具体的なひとつひとつをしっかり生きていくほかありません。

だからこそ、この世に生まれた死んだという事実もあり、仏として〝今ここ〟に生きていると同時に、仏であることを求める衆生《しゆじよう》としてもあるのです。

万法《まんぽふ》ともにわれにあらざる時節、まどひなくさとりなく、諸仏なく衆生なく、
生《しやう》なく滅《めつ》なし。

この世のすべての事象に名前がつく以前、「わたし」のことを「わたし」と呼ぶ以前に、すでにあるものを「無我《むが》」といいます。

この世のすべてのありようはほんらい無我としてありますが、そこでは迷いも悟りも、仏であったり衆生であったりも、ここに生き、死ぬものとしてあるということもない。すべては言葉や概念、イメージを超えて、すでにそこにあるのです。

仏道もとより豊倹《ほうけん》より跳出《てうしゆつ》せるゆゑに、生滅《しやうめつ》あり、迷悟あり、生仏《しやうぶつ》あり。

仏道という人生のほんとうの生き方は、高い低い、好き嫌い、良い悪いという比べ合いを超えてしまっている。けれど、われらはまた言葉を生きるものとしてもおかれてあるから、生まれた死んだ、迷った悟ったということもあり、ゆえに衆生として、あるいは仏としてあるのです。

しかもかくのごとくなりといへども、花は愛惜《あいじやく》にちり、草は棄嫌《きけん》におふるのみなり。

そういうほんらいの姿そのもので生きていながら、具体的なわれらの営みは、花が咲いたらきれいと思い、散ってしまうとさみしいと感ずるものとしてあり、それゆえ草が茂りすぎるとやっかいだし、草取りをしなくてはと思うはしから、草もわたしの思いもとどまるところを知りません。

自己をはこびて万法を修証《しゆしよう》するを迷《まよひ》とす、万法すゝみて自己を修証するはさとりなり。

万法がどこかわたしと別のところにあると思って、自分からすすんでその万法を修行し、悟りを得ようとすることを、迷いといいます。そうではなくて、万法というものはすでにわたしそのものであるから、このわたしそのものを修行させられていると思うことが、悟りとして開かれているということなのです。

迷を大悟《だいご》するは諸仏なり、悟《ご》に大迷《だいめい》なるは衆生なり。

迷いとは、わたしというものが大いなるいのちからはずれて、わたしの勝手になんでもできるものと思い込んでいることです。それが思い込みであったと悟るとき、諸仏としてのはたらきが、すべてのものとともにここに開かれているのです。ほんらい誰もが悟りという開きのなかにいるのですが、そんなことのあり方をまったく知らないで、わたしの思いのまま生きている姿を衆生と言うのです。

さらに悟上に得悟《とくご》する漢《かん》あり、迷中又迷《ゆうめい》の漢あり。

そのありようをつねにはっきりと身の上におきかえて、そのつど悟っていく者もいれば、その悟りさえ得れば人生が変わるのではないかと、どこまでも勘違いする者もいます。

諸仏のまさしく諸仏なるときは、自己は諸仏なりと覚知《かくち》することをもちゐず。

わたしが大いなるものに生かされてここにあると、開かれてじっさいに一つ一つを行じるものを諸仏といいますが、この諸仏が諸仏としてはたらいている時には、自分が諸仏であると自覚することはありません。

しかあれども証仏なり、仏を証しもてゆく。

自分で自分のことは触れることはできないし、自分で自分のことをどうにかできるものでもない。ただこのわたしというものは、すべてのものとの関係存在としてあり、人なら人、ものならものに出逢うところで、そこを我がいのちとつとめる時、おのずと自身に触れているし、仏そのものでもあるのです。

身心《しんじん》を挙《こ》して色《しき》を見取《けんしゅ》し、身心を挙して声《しゃう》を聴取《ちょうしゅ》するに、したしく会取《ういしゅ》すれども、かゞみに影をやどすがごとくにあらず、水と月とのごとくにあらず。

この身体ぜんたいでものを見る。身体ぜんぶでそれを聞くとは、どういうことでしょうか。

ここに今チューリップの花が咲いてます。この花を見る時、チューリップの花が咲いた、きれいだと言って、そこを通り過ぎてしまいがちです。けれど、このチューリップの花の前にかがんで、じっと見つめてみます。すると、この色、カップのライン、葉っぱや茎の絶妙な動き。そこに見入ってしまうと、きれいだとか、「チューリップだ！」などということどもがすべて飛んで、こちらがチューリップそのものであるかのような、そんな見え方をすることがあります。けれどもそれは、鏡があってそこに姿が映っているというようなことでなく、水に月が映るというような関係ではないのです。

一方を証するときは一方はくらし。

言葉を生きているわれらのクセとして、ものを見るとき何かを行う時、いつもそのものよりも、その言葉の前提や予測の中で、つまり頭でものをとらえてしまってます。が、いまこのわたしに見えているこのまんまがこのまんまとしてあるのです。ですから、水というときは水だけ、月というときは月だけが、そこにあるのです。

仏道をならふといふは、自己をならふ也。

仏道という人生のほんとうの生き方を求めるとき、自分ということが問われてきます。

自己をならふといふは、自己をわするゝなり。

この自分が問われるということは、自分という意識以前に、この自分が、すべてのものとひとつらなりのものとして、ここにあったと目覚めることです。

自己をわするゝといふは、万法に証せらるゝなり。

この自分をわすれ、すべてのものとひとつらなりであると目覚めるということは、万法というすべてのものから、いまここに自分というものも同時に開かれてあるということなのです。

万法に証せらるゝといふは、自己の身心および他己《たこ》の身心をして脱落《とつらく》せしむるなり。

すべてのものから自分というものがひとつらなりのものとして、ここにあるということは、自分と言っているこれやあなたと言っているそれが、自分のなかの思い込みとしてあったということに落ちつく。

悟《ご》迹《しやく》の休歇《きうけつ》なるあり、休歇なる悟迹を長々《ちやうちやう》出《しゆつ》ならしむ。

それが悟りということであり、悟りというあり方は、わたしの思いそのもののの変容が迫られるものですが、悟りのありようはそんざいというものの本来に帰るということですから、わたしが悟った、悟らないなどと思い悩むもんだいではないのです。

人、はじめて法をもとむるとき、はるかに法の辺際《へんざい》を離却《りきゃ》せり。

けれど、そうは言っても、ほんとうの生き方はなんだろうとはじめて求める時、どうしても自分の中の理想、あこがれを探そうとするから、その思いの分かんちがいしてしまうのです。

法すでにおのれに正伝《しやうでん》するとき、すみやかに本分人《ほんぶんにん》なり。

法というものは、この自分とは別のどこかにあるものでなく、この自分そのものが、すでに法としてここにあったということなのです。

人、舟にのりてゆくに、めをめぐらして岸をみれば、きしのうつるとあやまる。

たとえば、舟に乗って水の上を行くとき、じっさいは舟が動いているにもかかわらず、岸が動いているように見えてしまうときがあります。

目をしたしく舟につくれば、ふねのすゝむをしるがごとく、身心を乱想して
万法を辨肯《はんけん》するには、自心自性《じしんじしやう》は常住《じやうぢゆう》なるかとあやまる。

われらはどうしても目の前の現象ばかりに、目を奪われてしまって、まっすぐ自分ということを見られないでいますが、少し落ち着くと、岸が動いているのではなく、舟が動いているのだとはっきり解るように、自分というありようも、自分では今のこの自分がすべてで、この外に自分があるとは、とうてい思いめぐらすことができないでいるのです。

もし行李《あんり》をしたしくして箇裏《こり》に帰《き》すれば、万法のわれにあらぬ道理あきらけし。

しかしながら、日々のささやかな行為、たとえばご飯を食べる、掃除をする、挨拶をするなどというように、ひとつひとつを丁寧に行うとき、すでにわたし自身の姿であった万法が、外にあると思いちがいをしていたことが明らかになります。

たき木、はひとなる、さらにかへりてたき木となるべきにあらず。

薪《たきぎ》は燃えると、灰になります。その灰がまた元の薪になるなんていうことはありません。

しかあるを、灰はのち、薪《たきぎ》はさきと見取すべからず。

だからと言って灰があとで、薪が先であると決めてかかってはダメです。

しるべし、薪は薪の法位《ほふゐ》に住して、さきありのちあり。

ここはよくよくの考えどころです。ここに薪としてある姿は全分に薪としてあります。が、ここにある前は、山でナラと呼ばれていた樹木だったかもしれないし、燃えれば灰になるものとしてあります。

前後ありといへども、前後際断《さいだん》せり。

けれども、その前とも後ともまったく別のものとして今ここにあるのです。

灰は灰の法位にありて、のちありさきあり。

灰も灰として、その前も後もありますが、いま灰としてここにある姿が灰のいまの全分ですし、ありかたなのです。

かのたき木、はひとなりぬるのち、さらに薪とならざるがごとく、人のしぬるのち、さらに生《しやう》とならず。

この薪は燃えると灰になる。灰となったものが薪にもどるということは、ありえないのと同じく、人が死んでからのち、生き返るということはありません。

しかあるを、生の死になるといはざるは、仏法のさだまれるならひなり。

そういうものとしてあるから、生が死になると言わないのは、これまでも仏法が明らかにしてきました。

このゆゑに不《ふ》生《しやう》といふ。

それゆえ、生は死に対しての生などではないのですから、不生、生にあらずといいます。つまり、わたしが思い描いているような生などない。

死の生《しやう》にならざる、法輪《ほふりん》のさだまれる仏転《ぶつてん》なり。

死が生になるなどということはないことも、仏法がこれまでも強く示してきた通りです。

このゆゑに不滅といふ。

ですから、これも生に対する死などではないのですから、不滅、滅にあらず
と言います。つまり、わたしの思い描いているような死などないのです。

生も一時のくらゐなり、死も一時のくらゐなり。

われらの思いでは、生まれた時が出発点で、死が終着点と知らぬ間に思い定めています。が、じっさいのありようは生もその時のありようとして全分ですし、死も死というその時のありようとして全分です。

たとへば、冬と春とのごとし。

それはたとえば、冬と春との関係のようです。

冬の春となるとおもはず、春の夏となるといはぬなり。

冬が春になることはなく、春が夏になるわけではありません。冬は冬でぜんぶですし、それは春も夏もそれぞれがその時のぜんぶです。

人のさとりをうる、水に月のやどるがごとし。

人が悟りを得るということは、水面に月が映るようなものです。

月ぬれず、水やぶれず。

すなわち、月が水面に映ったからといって、月が水に濡れるわけでもなく、
水が波立つこともない。

ひろくおほきなるひかりにてあれど、尺寸《しやくすん》の水にやどり、全月《ぜんげつ》も弥天《みてん》も、くさの露《つゆ》にもやどり、一滴の水にもやどる。

天空にある月の光は、広くて大きいものですが、大きな皿に張られている水の上にも、小さな皿に張られた水の上にもよく映るし、月の全体も空の全体も、そこの草の露にも映るし、一滴の水にさえ映ります。

さとりの人をやぶらざる事、月の水をうがたざるがごとし。

人が悟ったからと言って、その人が前とは違った人になるとか、偉くなったなどということはありません。それは月の光が映ったからと言って、水に穴があいたなどということがないのと、まったく同じなのです。

人のさとりを罣礙《けいげ》せざること、滴露《てきろ》の天月を罣礙せざるがごとし。

人が悟りを得るということは、男女、年齢、経験、知識などとはかんけいがない。誰であろうと人はすでに悟らされているものとしてあるのです。それは一滴の水であろうと大きな湖であろうと、水であれば月を映さないものがないのと同じことなのです。

ふかきことはたかき分量なるべし。

人としてここにあるということは、自分では思うことができないほど深い。それはいのちそのものの深さだからです。わたしということのほんとうのあり方、仏法というものも、その深さに応じてどこまでも高くなるものとしてあります。

時節の長短は、大水小水《だいすいせうすい》を撿点《けんてん》し、天月の広狭《くわうけふ》を辨取《はんしゅ》すべし。

われらは誰でもが、悟らされているものではありますが、はっきりと自分でその時を、自覚する必要があるのです。その時はその時節としてあり、水そのものに大きい小さいがあること、またこの天月には広い狭いがあることを、身をもって学んでいくのです。

身心《しんじん》に法いまだ参飽《さんぱう》せざるには、法すでにたれりとおぼゆ。

自分ということを、まだ頭で考えているあいだは、仏法というほんとうのあり方を、なんとなく分かったようにかんちがいしているのです。

法もし身心に充足すれば、ひとかたはたらずとおぼゆるなり。

仏法のほんとうのあり方というのは、無量無辺です。そのありようがこの身に親しんでいるときには、虚しさはむなしさのままですし、もの足りなさももの足りないままです。

たとへば、船にのりて山なき海中にいでゝ四方《よも》をみるに、たゞまろにのみみゆ、さらにことなる相《さう》みゆることなし。

たとえば船に乗って陸地の見えないところまで行って、海を見渡すと、海は
ただ水平線だけが円く見えて、ほかのありようなど思いもしない。

しかあれど、この大海、まろなるにあらず、方《けた》なるにあらず、のこれる海徳つくすべからざるなり。

そういうふうにしか見えないけれども、この海のありようはただ円《まる》いわけでなく、また四角いものでもなく、海が海としてある大きさ、そのありようは知り尽くすことなどできないのです。

宮殿《ぐうでん》のごとし、瓔珞《えうらく》のごとし。

魚にとってこの海は宮殿であろうし、天人にとっては装飾でありましょう。

たゞわがまなこのおよぶところ、しばらくまろにみゆるのみなり。

けれども、われらは同じ海にいてもただ海は広いな大きいなと、思っている
だけです。

かれがごとく、万法もまたしかあり。

海というありようも、こちらの知っている範囲をはるかに超えて、無量無辺であるように、万法というすべてのありようは、われらではつかみきれないものとしてあります。

塵中格外《ぢんちゆうかくぐわい》、おほく様子《やうす》を帯《たい》せりといへども、参学眼力のおよぶばかりを見取会取《ういしゆ》するなり。

世間というありようも、仏法というあり方も、じつにさまざまですが、われらは学んだ分、見えている範囲を知っているだけです。

万法の家風をきかんには、方円《はうゑん》とみゆるよりほかに、のこりの海徳山徳おほくきはまりなく、よもの世界あることをしるべし。

海が四角くも円くもないばかりでなく、海のあり方も山のあり方も知り尽くすことなどできるはずがないように、万法というすべてのありようも、じつに広大な世界が広がっていることだけが少し分かるのみなのです。

かたはらのみかくのごとくあるにあらず、直下《ちよくか》も一滴もしかあるとしるべし。

それは、自分の周りのことだけではむろんなく、この自分自身のこと、そして一滴の水についてもまったく同じで、知っている分だけ知っているという、まことに浅いものであることは、確かです。

うを水をゆくに、ゆけども水のきはなく、鳥そらをとぶに、とぶといへども
そらのきはなし。

魚が水を泳いでいくのに、どこまで行っても水の涯《はて》などなく、鳥も空を飛ぶのに、どれだけ飛んでも空の涯などない。

しかあれども、うをとり、いまだむかしよりみづそらをはなれず。

けれども昔より魚は水から出ることはなく、鳥も空から離れることはありません。

只《たゞ》用《よう》大《だい》のときは使《し》大《だい》なり。

ただ大きく泳ぎ大きく飛ぶときは、海や空を大きく使うだけ。

要小《えうせう》のときは使小《しせう》なり。

小さく泳ぎ小さく飛ぶときは、海や空を小さく使うだけです。

かくのごとくして、頭々《てうてう》に辺際《へんざい》をつくさずといふ事なく、処々に踏飜《たふほん》せずといふことなしといへども、鳥《とり》もしそらをいづればたちまちに死す、魚《うを》もし水をいづればたちまちに死す。

このようにして、大きい魚は大きいなりに小さい魚は小さいなりに、それぞれのあり方の中で、それぞれの持てる生命力のいっぱいを使い尽くしているけれども、鳥がもし空から離れれば、たちまちに死ぬし、魚が水から出れば、たちまちに死んでしまうのです。

以《い》水《すい》為《ゐ》命《めい》しりぬべし、以《い》空《くう》為《ゐ》命《めい》しりぬべし。

魚にとっては水そのものが命であるし、鳥にとっては空そのものが命です。

以鳥為命あり、以魚為命あり。

鳥は飛んでいてこそその命をまっとうできるし、魚は泳いでいてこそその命をまっとうしているのです。

以命為鳥なるべし、以命為魚なるべし。

あるいは、命が鳥となっていて、命が魚であるともいえます。

このほかさらに進歩あるべし。

このほかにもいろいろ考えることはあるでしょう。

修証《しゆしよう》あり、その寿者命者《じゆしやみやうしや》あること、かくのごとし。

そのいずれもがそれぞれの場でじっさいに行い、しかも誰とも比べることができない「わたし」という寿命を生きるということなのですから。

しかあるを、水をきはめ、そらをきはめてのち、水そらをゆかんと擬する鳥魚あらんは、水にもそらにもみちをうべからず、ところをうべからず。

そういうものとしておかれてありながら、水の全体を知ってから、あるいは空全体を知ってから、この水を泳ごう、空を飛ぼうというような魚や鳥がいるようであれば、そんな魚や鳥は、泳ぐ道、飛び方を得ることはできない。

このところをうれば、この行李《あんり》したがひて現成公案《げんじやうこうあん》す。

ここのところがはっきり解れば、日々の一つ一つの行為によって、すでに現在が現在となり、われとすべてのものが今ここに一つになって成就《じょうじゅ》するのです。

このみちをうれば、この行李したがひて現成公案なり。

わたしが今ここを生きている場が、大いなる道であると方向が示されれば、日々の一つ一つの動きが、すべてのものとともに今ここに一つとなってこのまま成就するのです。

このみち、このところ、大にあらず小にあらず、自にあらず他にあらず、さきよりあるにあらず、いま現ずるにあらざるがゆゑにかくのごとくあるなり。

じじつとしてのわたしの働きの場は、大きいとか小さいとか、または自分がとか、他人がということでもなく、先よりあったとかではないし、いまのこれと言っても違う。そんな比べる以前のこれそのものであり、なまなましくここに開かれているままのものなのです。

しかあるがごとく、人もし仏道を修証《しゆしよう》するに、得一法《とくいつぽふ》、通一法《つういつぽふ》なり、遇一行《ぐういちぎやう》、修一行《しゆいちぎやう》なり。

そうであるように、仏道を生きるということは、そのまま真実を実証していることですから、わたしというものの出逢うところが、そのまま全世界であり、その一つ一つを修めて行くことが、わたしの生きる態度になってくるのです。

これにところあり、みち通達《つうだつ》せるによりて、しらるゝきはのしるからざるは、
このしることの、仏法の究尽《きうじん》と同生《どうしやう》し、同参《どうさん》するゆゑにしかあるなり。

ここのところは、すべてに通じていますが、自分がどこまで開かれてあるか、全力であるかということは、自分でも知ることはできないままであります。それは、わたしそのものが仏法の究め尽くしたところを生き、修行しているのですから、知りようもありません。

得処《とくしょ》かならず自己の知見《ちけん》となりて、慮知《りょち》にしられんずるとならふことなかれ。

自分の得たあり方は、かならず自分の知覚するところになると思っているけれど、そのありようを自分でつかみとれるものではない。

証究《しょうきう》すみやかに現成《げんじゃう》すといへども、密有《みつう》かならずしも現成《げんじゃう》にあらず、見成これ何必《かひつ》なり。

やった分だけそのままここにその通りとしてあります。が、わたしというものの
まるごとのありようは、すべてが現れているわけではなく、しかも現実にあらわれているありようが、わたしの知覚でとらえきれるものでもありません。

麻浴山宝徹《まよくざんほうてつ》禅師、あふぎをつかふちなみに、僧きたりてとふ、
「風性常住《ふうしやうじやうぢゆう》、無処不周《むしよふしう》なり、なにをもてかさらに和尚《をしやう》あふぎをつかふ」

麻浴山の宝徹禅師が扇を使っていた時、ある僧が来て問答した。

「われらは風といういのちをいつでも生きているのに、なんでことさらいのちを生きるという修行をする必要があるのでしょうか」

師いはく、「なんぢたゞ風性常住をしれりとも、いまだところとしていたらずといふことなき道理をしらず」と。

和尚いわく、「あなたは、自分がいのちを生きていると言葉としては知っているようですが、じっさいのありようを知らないようです」

僧いはく、「いかならんかこれ無処不周底《むしょふしうち》の道理」。

僧はさらに問いました。「では、そのままこの通りとしてあるとは、どういうことですか。」

ときに、師、あふぎをつかふのみなり。

和尚はただ、扇を使うだけでした。いのちを生きてここにあるということは、いつでもわたしの求める意味や理由を超えているのです。

僧、礼拝《らいはい》す。

僧は、その意を覚《さと》って礼拝しました。

仏法の証験《しようけん》、正伝《しやうでん》の活路《くわつろ》、それかくのごとし。

仏法というほんとうのあり方をじっさい人が体得するとは、このようなことです。

常住なればあふぎをつかふべからず、つかはぬをりもかぜをきくべきといふは、常住をもしらず、風性をもしらぬなり。

風というのちを誰もが生きているのだから、扇を使う必要がない、修行などしなくてもいいというのは、このままがこのままであるということを知らないのである。

風性は常住なるがゆゑに、仏家《ぶつけ》の風《ふう》は、大地の黄金《わうごん》なるを現成《げんじやう》せしめ、長河《ちやうが》の蘇酪《そらく》を参熟《さんじゆく》せり。

風というのちが絶対なるものとしてあるからこそ、修行という一つ一つの日常のささやかなことを行じ修めることによって、この大地が黄金なるものとしておかれてあるし、長河、すべてのありようがすばらしい生き生きとしたものになるのです。

正法眼蔵見成公案第一

これは天福元年中秋のころ、かきて鎮西《ちんぜい》の俗弟子《ぞくでし》揚光秀にあたふ。

建長壬子拾勒

正法眼蔵見成公案第一

これは天福元（一二三三）年、中秋（陰暦八月十五日）のころ、道元が書いて、太宰府の俗弟子（出家していない弟子）揚光秀に与えたものである。

建長壬子《みずのえね》（四〈一二五二〉年）収録

【訳註】

P17　正法眼蔵とは「わたしという人生を生きるうえでもっとも大切なこと。」
現成公案とは「現在が現在に成るあたりまえの深さ」
（内山興正『正法眼蔵　現成公案を味わう』大法輪閣）

P18　「諸法」の注……四大五蘊《しだいごうん》これを諸法という。つまりこのわたし自身のこと。
（水野弥穂子『『正法眼蔵』を読む人のために』大法輪閣）

P20　山川草木、すべての中には、いのちがあります。木でも草でも何でもそうです。その中の、人間は一匹に過ぎないんです。（略）有から無にはいるのと、無から有にかえるのと、その往復みたいなものなのです。逃げることによって、逆に生まれることにもなります。
（まど・みちお『逃げの一手』小学館）

P22 「存在する事実が、すべてそのまま真実の相を表している」というのです。事実を事実たらしめ、現象が現象であり得るのは、その底に真実のはたらき、永遠のいのちが躍動しているからです。よって、目に見える事実や現象の底に真実の相を見つめない限り、人生の安らぎは得られないのです。

（松原泰道『生きるための28章』水書坊）

P24 蓮田に入って草取りをしてる。メダカやゲンゴロウたちが気持ちよく泳いでいる。モリアオガエルが金縁メガネをかけたような顔をして、蓮の葉の上で遠いまなざし。わたしというやつも、泥だらけの手のままここにいる。

P26 自分は自分であって自分以外の何ものでもありませんって、君は言いたくなるだろう。まったくその通りなんだ。自分は自分であって自分以外のものではない、名前でも代名詞でもない、何ものでもないものなんだ。だけど、その何ものでもないものが、まぎれもなく自分であると、君にはわかる。どうして、わかるのだろうか。自分が自分であると、どうしてわかるのだろうか。

（池田晶子『14歳からの哲学』トランスビュー）

P28

わたしというものは、いつでもなまなましくすべてのものとかんけいしながらここを生きています。ですから、何か迷いというこちらが思い込んでいるような実体があるわけでなし、同時にそこは悟りという実体などもない。その時その時のありようであるだけです。この迷い、悟り以前のなまなましいこれそのものに覚めて生きるということが諸仏です。

P30

どうしてもわれらは、迷いがダメで悟りがイイと思っている。その分迷うと、迷いにウロウロして、この迷いから早く脱けなくてはと焦る。が、そこに止まってみる。どれだけ迷うものとしてあるか、どこまで迷っているか、と、ここに重きをおいた方がいい。自分ということの正体が、あり方がわかる時である。

P32

どこまでいっても自分というのは自分中心で、これだけが可愛いものとしてある。が、そのつど思い直ししながら出逢うところ我がいのちとつとめる。

P34

ここでいう仏とはどこかの偉い人や、仏像などではない。大いなるいのちに生かされているこのわたしがこのまま、このましているこことを仏という。

P36　そう思うのは／僕に自然に埋めこまれた／初期設定があるからです。
（デヴィッド・フォスター・ウォレス『これは水です』田畑書店）

P38　あいつはこーいうやつだ。あの人はすごい人だ、などと勝手に自分の中に取り込んでいる。この自分というものも、その中の一人で、自分は自分だと囲っている。それも、今のわたしが取り込んでいる自分なのだろう。

P40　悩む、困る、迷うなんてイヤなことです。でもこのもっともイヤなときに、問いが生まれる。つまりふつうの問いはすでに答えが用意されている問い。だから答えもおのずと決まっている。いま、ここでいう問いとはこの身そのものが問いを発しているのだ。それは、このわたしというものが困難な時に発動される。全身で問われている。それを全身で答えていくことが、わたしを生きるということ。

P42　暗闇の中に心の明りをともして
疲れた体を励ましながら
真の光のもとへ

ある山の中へと帰ってゆくのだ
おお　その人が無事にその場所に帰りつけますように
長い年月の旅が　無駄に終わりませんように
その人が無事にその場所に帰りつき
そこに小さな火をかかげますように（山尾三省『アニミズムという希望』野草社）

P44
稲穂の田んぼのなかにいる　一陣の風がサァーと吹いた
稲穂がいっせいにゆさゆさした　わたしというものもゆれている

P46
このからだの中の動き、変化こそ豊かな動きであって、私はそれを大事に大事にしていきたいと思っているのです。この自分自身の生身のからだ。宇宙にたった一つきりしかない、過去にもない、未来にもない、今ここにしかいないこの自分のからだ。このかけがえのない自分の中の動きや変化を手がかりにして、私は「人間とは何か」を探り出したいのです。無限の豊かさと新鮮さを生み出したいと思うのです。
（野口三千三『野口体操　からだに貞く』柏樹社）

P48
二つか三つ児の、この世の認識にくらべれば、ことばは、むしろそれにおくれてやって来たくらいでした。おどろくべきことに、この頃と今の自分を考え合わせてみると、どれほども変わっていないのです。存在していることを言おうとすると、ことばが成り立たず、生きるほどに、いよいよ具合が悪くなるばかりなのをどうすればよいのでしょう。（石牟礼道子『陽のかなしみ』朝日新聞社）

P50

然し貧乏は人を悩ますものではない。悩むのは己である。悩むのは人にあって、貧乏にあるのではない。貧乏を人間が理性を持って解釈することによって苦しむのである。貧乏は事実であり、苦しむのは解釈である。人間は何事によらず自ら解釈して、その解釈の世界に自ら居るのである。だから事実と解釈とが二重になるのである。そこに解釈するが故にしばられ、解釈することによって行き詰まるのである。

（安田理深『自然の浄土』文明堂）

P52

どこか、助かりそうだから助かるのではありません。助からないということが本当にわかった時が助かる時です。往生浄土の話が何だか夢みたいだと思っている人は、まだこの世を信じているのです。まだまだ死なないと思っているから、自分を助けてくれるものがどこか自分の方にあると思っているから、仏の力が信じられないわけです。

（大峯顯『親鸞のコスモロジー』法藏館）

P54 自分というものは、孤立してポツンとあるわけではない。あらゆるものとの関係のなかで、自分というものができあがっている。友と会っている時のわたし。恋人といる時のわたし。親といる時、学校の先輩や先生と対面している時、猫や犬といるわたし、このわたしはいろんな人を知らぬ間に演じている。

P56 死にかえり、生きかえって元に戻り、新しい一生がまた始まるのである。それは必ずしも古代の時間意識とばかりはいえない。自然と強く結ばれた労働と暮らしのなかでは、つねに自然な感覚である。そして人間の自然からの剝離がすすむにしたがって、その意識は弱体化する。

（内山節『時間についての十二章』岩波書店）

P58 自分の外側にあるものに目を向けていくだけではなくて、内側にあるものも、経験の深みにおいて知るということ、それが自己を探求するということです。

（森有正『生きることと考えること』講談社現代新書）

P60〜63 自分は自分だと固く握りしめているものがある。じゃあこの自分とはなにかと正面から問われると、たちまちに困る。棒立ちになってしまう。人間だもの、と捨てぜりふのように言う。たしかに猫や犬じゃない。人間であると思っている。が、その人間とはなにかと問われると、沈黙せざるをえない。人間ってなんだっけ、と静かに自身に問うてみる。

P64〜67（全分＝あるものすべて。ことごとく）

社会心が一番狭く、自然界心はそれより広く、法界心が一番広い。法界心の底は、すべての人の心が一つづきに続いてしまっているといわれている。釈尊はこういう意味のことを言っている。自然界の法界にあること、なお大海に一漚の浮かべるが如し。それくらい広さが違うのである。法界は、一即一切、一切即一の世界だから、その一法に関心を集め続けておれば、心は全法界に拡がっていることになる。

（岡潔 著・森田真生 編『数学する人生』新潮社）

P68　すべてのものは、名をもつことによってはじめて具体的な存在となる。存在の世界を存在の世界として秩序あらしめるものは、ことばの体系の成立であったということができるし、同時に文字の体系の成立であったともいえよう。古代のオリエントの神学では、名を定めるのは神のことばであるとされているが、そのような唯一神の信仰をもたなかった中国の古代では、名を定めるものは聖人であり、家の子の名を定めるものは祖霊であった。

（白川静『漢字百話』中公新書）

P70　旧約にはもう一つ、気持ちの落ち込んだときに、声に出して朗誦をして、緊縮した気持を解き解《ほぐ》してくれるものがあった。それは、伝道の書、と題されたダビデの子、エルサレムの王のことばであった。

伝道者言《いは》く、空《くう》の空《くう》、空の空なる哉、都《すべ》て空なり。日の下に人の労して為すところの諸《もろもろ》の動作《はたらき》は、その身に何の益かあらん。世は去り世は来る。地は永久《とこしなへ》に長存《たもつ》なり。日は出《い》で日は入り、またその出《いで》し処に喘《あへ》ぎゆくなり。

（堀田善衛『時空の端ッコ』ちくま文庫）

P72〜75　なんもないぜんぶある。探そうとすると少しも見つからない。見つからないと言って、探すことをやめると、とたんに色あせる。身というものは不思議なもので、その探しものをあるとき、こことという具合に見つける。

P76〜79　雪降りが好きだ。そこの楢や楓、山法師、谷空木。松や杉にもまんべんなく、しんしんと降っている。田んぼも一枚一枚ていねいに、スズメやイヌ、ワタシというやつにもえこひいきなし。ただ雪がしんしんと降っている。

P80～85　人生は、それ自体、禅の公案のようです。論理を切り捨て、論理を超えてゆく、よすがです。神が人間に示された啓示も、実は公案です。

そして百姓にとって土は公案です。

たがやすのは、わが生き身であります。植物的ないとなみから、ことばのいとなみまでのわが生き身であります。

（押田成人『藍の水』思草庵）

P86～89　思い込みというのは、なにもそのことに対してだけではない。自分というあり方がすでにそうである。それは現にここに生きているということそのものが、刻々と生ま生ましくすべてのものと、かんけいしているからである。それゆえ、これからもいつでも思い込みは生ずるし、そのつど学ぶものとしてある。

P90　虚しさや寂しさにうずくまってしまう時がある。懸命に何かをやることや夢中になることで、忘れることはあるけれど、その虚しさや寂しさの穴は埋まらない。かえってその寂しさの穴に手を突っ込んでやる。しばらくそこに立ち止まる。大の字にひっくり返って、青空をながめてみる。

P92　自分を生きているつもりでいる。けれど、じっさいは言葉を生きているのではないか。言葉を生きてしまっているから、いつも比べ合いのなかでうろうろすることになる。それほどに言葉のもつ力はすごい。

P94　あらためて言葉って何と、問いただすと、ほとんどなにも知らないことに驚く。言葉は、自分と言っているこれよりはるかに長い歴史を経て、わたしのここにあり、とてつもなく広くて豊かなものとしてあった。

P96　わたしというものの中に、もやもやしたところがあって、そのもやもやしたところが大きくなった。その大きくなったところにちょうどの言葉が、吸い込まれると、ようやくこのわたしが落ち着く。

P98　自分の中のもやもや感を、ぜんぶ言葉にすることはできない。言葉の歴史は、とうぜんのことながら古い。が、このわたしというものの深さは、言葉で指し示すことができないほど、とてつもなく深い。

P100

宣長が、この考えるという言葉を、どう弁じたかを言って置く。彼の説によれば、「かんがふ」は「かむかふ」の音便で、もともと、むかえるという言葉なのである。「かれとこれとを比校《あひむか》へて思ひめぐらす意」と解する。それなら、私が物を考える基本的な形では、「私」と「物」とが「あひむかふ」という意になろう。「むかふ」の「む」は身であり、「かふ」は交うであると解していいなら、考えるとは、物に対する単に知的な働きではなく、物と親身に交わる事だ。物を外から知るのではなく、物を身に感じて生きる、そういう経験をいう。

（小林秀雄『考えるヒント２』文春文庫）

P102

言葉が現実の事実と同じように生命を支えていた。あるいは、現実のそういう力以上に言葉が生命を支えていた。だから、言葉はまったく無力ではない。むしろ言葉があって初めて現実そのものを変えることはできるという認識が、しだいに自分のなかに生まれてきたということも、ひとつ大きくつけ加えなければいけません。

（辻邦生『言葉の箱』メタローグ）

P104

わたしは独りだ、寂しいとやっている時、誰も助けてくれないし、誰も関心を寄せない。けれど、一人であることをほんきで自覚するとき、周りのものや人をおのずと大切にする。たいせつにするから、周りから色んな手が伸びてくる。

P106

私たちの常識では、言語が科学的につかわれるためには、一般的、公共的、普遍的な意味をもつべきであり、つねにこの方角に言語使用の進歩があると考えられて来た。この信仰が、われわれの文体を、文学や評論や生活綴り方をふくめて、つまらなくしているのではないか、子供の言葉が面白いのはなぜだろう。それは、身ぶりとして言語がつかいこなされているからではないか。しかも、子供の言葉が、歳を追うてつまらなくなるのは、なぜだろう。

（鶴見俊輔『ことばと創造』河出文庫）

P108〜111

山が笑っている
雑木の木々たちが黄色や赤で染められていく
そのうち　霜柱が立つ朝がやって来ると
山がいっせいに
笑いだすんだ

P112　昆虫のことを知りたいと思って、探り出すととてつもない広がり、数の多さ、生態があって驚く。まして生物全般のこととか、あるいは人の食べもののこと、海の、山の、地球、宇宙。それから政治、歴史、経済、文化などと思い始めると、とんでもない膨大なものがそれぞれにあって、自分が知っているのは、ほんのわずかなことだけであると知る。

P114　わたしがあなたのことを知っているのは、わたしの中に描かれたあなただけ。わたしというものも、わたしの中に描かれたわたしだけ。けれどまるで全部知ってるように、かんちがいするばかりで素通りしている。

P116　自分だけでは自分を変えられないことに絶望しながら、他者との関係の場に身を置いてみると、わたしが、「原自己」をもっていてうらやましい、あるいはまぶしいと感じた他者もまた、けっしてポケットに財布をもつように「原自己」をもちあわせているわけではないことがわかってくる。かれらもまた、自分が何者なのかをたしかめようとして必死にもがいている。

（花崎皋平『生きる場の哲学』岩波新書）

P118

冬の間、樹々たちは梢の先を赤くふくらませて
そのときを　今かいまかと　待ちうけている
五月のさわやかな風が　吹きぬけるときがきた
萌黄色っていうらしいんだ
幼いみどりたちが　いっせいに
ふくらんで
山がうれしがっているんだ

P120

かくて、一切のカルマを棄却し、それ以前の本源的境位に帰りつくためには、人は生あるかぎり、繰り返し繰り返し、「不覚」から「覚」に戻っていかなくてはならない。「悟り」はただ一回だけの事件ではないのだ。「不覚」から「覚」へ、「覚」から「不覚」へ、そしてまた新しく「不覚」から「覚」へ……。

（井筒俊彦『意識の形而上学』中央公論社）

P122～127

さっきの主客未分とか心身脱落状態になったとき、どういう現象が起こるかということを、ちょっと一つだけ例を挙げますと、これは非常におかしいことをいうようですけれども、そういう意識の状態になったときにですね、「あ

りがたい」という気持ちになるんです。ありがたい。

これは、自然と自分が主客未分で、今、合一している。自然という大きいものに自分が吸収されたということ、それがありがたいんですな。

（今西錦司『自然学の展開』講談社）

P128　山本周五郎は、人の臨終や死ほど荘厳なものはないと言ったけれど、樹木たちの落葉もそうだ。はらはらと舞い落ちて、畑や大地をペルシャ絨毯のように染め上げて、おごそかな儀式が開かれている。

P130　このとき良寛の歩行は、その一歩一歩が世界との和解である。風景は彼を迎え、村落も彼を迎える。彼は風景を分け入って風景の内面に触れ、村落の戸に立って村人の心に触れる。その歩行は歩行自体が目的であり、道は通路ではなく草庵からさし出された長いどこまでもつづく和解の手であるかのようだ。

（上田三四二『この世この生』新潮社）

P132〜135　胎児の演ずる変身の象徴劇は、こうして卵発生の秘儀として、代から代へ受け継がれるのであるが、この、つねに生命誕生の原点に帰り、そこから出発しようとする周行の姿、すなわち「生物の世代交替」の波模様こそ、すべての「生のリズム」を包括する、まさに「いのちの波」とよばれるにふさわしいものではないか。それは生命記憶の根源をなすものでなければならない。

（三木成夫『胎児の世界』中公新書）

P 136

おはよう
こんにちは　の挨拶は大事だ
それはいつも知らぬまに　すべてが真新しいことを宣言しているんだ
あいさつをすることで
わたしを開き
相手を受け入れている

P 138

大根の種蒔きをしようと　畑で鍬をふるっている
振り下ろして　休んでいると
鍬の柄に　赤とんぼが
見上げると　いつのまに　空いっぱい
赤とんぼが　楽しそうにおよいでいる

わたしというやつも　ここにそのままいる

P140

猫ってどうあっても猫なんだけど
人って変なやつなんだとおもう
たとえば、人が本気でお金持ちに成りたい！
なんて思えば、そうなるし
絵が好きで好きで、描きたい！
とやれば、ちゃんと絵描きになる
わたしはふつうだわ　と思えば
その人の思っているふつうになるもの

P142

ただここにおるというこれだけのことが、じつに豊かで大きな広がりのなかにいることか。

P144

イエスはこの配分的正義を否定したのである。世界の秩序の根底を支えている「価値に応じて」という正義の観念を否定したのである。なぜなら、彼は能力主義を否定するからである。天の国では、能力のある者も、能力のない者も、功績のある者も、功績のない者も、一人一人が「かけがえのない唯一者」であり、比較を許さない絶対者であるからである。人間が「神の似姿」であるというのは、そういう意味である。

（岩田靖夫『ヨーロッパ思想入門』岩波ジュニア新書）

P146

往生際のわるさは我ながら愛想がつきるほどです。どうしても自分の大脳への信頼感を捨てられない。本当に捨てたら、どこかへ落ちてしまうような気がして、大脳につかまっていなければいられないという気がします。しかも、そのように判断しているのが大脳自身なのだから始末がわるいのです。

このようなところを経験しながら、それでもあきらめ切れないで（ここが意義のあるところです）いると、工夫やヤリクリの限界がきます。この限界がトコトンであって、そこに至ればもはや、何の手順もなく、そのまま大脳自身の自己否定が実現するわけであります。

（和田重正『もう一つの人間観』地湧社）

P148

近代的自我を生きているわれらは、意味や理由や価値に翻弄されている。ほんらい生きるとは、そんな意味、理由、価値が通じない。それらを超えたものとして、ここにおかれている。

P150 下痢でも同じで、ジャーッと出て体の大掃除をしたのに、「さあ大変、お腹を壊した、病気になった」という考えの方に結びつくと、それから病気になってしまう。そういうように風邪の中には、生理的なもの以外に自分の心で作り出している風邪が非常に多い。

（野口晴哉『風邪の効用』ちくま文庫）

P152 わたしというものは、いつでも知ったかぶりをしたいもの。だから何かすぐ解ったような気になってしまうが、ほとんどかんちがい。じっさいのありようは、わからないということが少し分かる。

P154 現成公案、ほんらいは坐禅のことをいう。坐禅というと、厳しいとか瞑想などのイメージを持ってる方が多い。ここでの坐禅は、誰でもがここにそのまま姿勢を正して坐ると、何もしないこのままの姿が、すでにすべてのものとひとつになって、ゆたかなものであることを、身体で味わうことになる。

P156 われらの探しているものは、いつでも答えが欲しい。けれど、大切なのは問いなのだと思う。それは、誰でもが、ここに人であるとはどういうことだと、本質的に問われている存在だからである。

P158 言葉が身に落ち着く。言葉がふに落ちる、そんな時は誰でも経験するはずで、それは言葉の意味するところが、自分や相手を納得するためのものとは違って、言葉そのものがこの身に突きささるのである。そんな時の状態は、有頂天からは遠く、たいがい困り果てたどうしょうもない先に直観するものとしてある。

P160 釈尊というお方は、人間にとって一番大切なもの、これを取り去ると人間といえないもの、真実の自己を明らかにするために生まれてこられたお方であるといえるのではないでしょうか。

天上天下唯我独尊というのは、真実の自己が一番尊いものであるということでしょう。

その真実の自己は、みんなが持っておられるものであって、持っておりながら、忘れているものである。

（米沢英雄『信とは何か』柏樹社）

P162〜165 毎日は、損か得か、好きだ嫌いだなどとほとんど現象に追われて暮らしている。が、急に具合が悪くなって入院。すると、ふだんはあたりまえにやっていたそばにいる人たちとの挨拶、水を飲む、ご飯を食べれる、シッコや屁が出るというこんなことのどれほど有り難いことか、そんな時にしか、生かされてここにおるというかんじが持てなくなっている。

P166〜169　自分というこの小さな頭の作用に、いのちという——ほんとうはよく解らないもの——大きな作用が入る訳がない。

P170　現代人は現代文明という名のフィルターをかけて伝統文化を見ている。そのフィルターは〈同時〉という時を遮断している。だから、かれらの行動を未開野蛮であると考え、かれらの世界を呪術的、神秘的であると解釈する。しかし、このフィルターを外した裸の眼から見ると、いわゆる未開野蛮人の眼から見ると、文明社会の人びとこそ未開であり、野蛮である。かれらは、おのれの生死を宇宙とともに〈コスモス〉とともに生死することができない。不完全で病的な時の観念を背負って、自縄自縛、無縄無縛におちいっている。まことに哀れである。
（岩田慶治『コスモスの思想』日本放送出版協会）

村田和樹（むらた　わじゅ）
1950年、金沢市に生まれる。生家は曹洞宗の寺だが、15歳のとき、胸にポッカリ穴が空いたようになり、その機縁で自らも仏門を志す。駒沢大学卒業後、73年に京都の安泰寺に入り、内山興正老師の元で修行する。80年に石川県輪島市三井町与呂見の山中にチェーンソーを片手に入山、龍昌寺を開く。85年ころより志を同じくする仲間たちと農地「よろみ村」を拓き、坐禅を中心とした山暮らしを営む。なお、七尾市にて月に一度、仲間と催す読書会「哲学を読む会」は、20年続いている。

田畑書店

わたしを生きる

現代語訳『正法眼蔵・現成公案』

2019年9月 5日 第1刷印刷
2019年9月10日 第1刷発行

著 者 村田和樹

発行人 大槻慎二
発行所 株式会社 田畑書店
〒102-0074 東京都千代田区九段南3-2-2 森ビル5階
tel 03-6272-5718 fax 03-3261-2263
装幀・本文組版 田畑書店デザイン室
印刷・製本 シナノ書籍印刷株式会社

ISBN978-4-8038-0361-7 C0195